JN410068

푸른 사과의 시절

국립중앙도서관 출판시도서목록(CIP)

푸른 사과의 시절 : 최진화 시집 / 지은이: 최진화. -- 대
전 : 지혜, 2013
p. ; cm. -- (지혜사랑 ; 081)

ISBN 978-89-97386-52-9 03810 : ₩10000

한국 현대시[韓國 現代詩]

811.7-KDC5
895.715-DDC21 CIP2013005090

지혜사랑 081

푸른 사과의 시절

최진화

시인의 말

대답 없는 문 앞에서 옷깃을 여미고 있는 나를
혹시나 잠들었을까 기침을 해보는 나를
잊었을까 정말 잊었을까 확인하는 나를
다시 반송 받고 싶지만 돌아오지 못하는 나를
이제
어디론가 떨어지고 있는 나를
바라만 보고 있다.

흘려보내지 못하고
움켜쥐고 있었던
부끄러운 것들을 조심스레 내려놓는다.

해감하고 싶었던 순간들이
세월이
붉게 펄럭이며 간다.

2013년 4월
최진화

차례

시인의 말 5

1부 갯메꽃

선달그믐 12
갯메꽃 13
타전 14
자폐自閉의 문 16
푸른 사과의 시절 18
그물 20
아이들은 옆으로 자란다 22
토스터기가 기다린다 24
진언眞言 26
대리운전 999 27
밀랍인형들이 사는 거리 29
응시 31
스크래치 33
열네 살의 터널 35
그을린 사랑 37
한 접시가 되기 오 분 전 38
그 바람 앞에 39

2부 북경 엽서

큰물 42
북경 엽서 43
메시지 815 45
완창完唱 46
시를 일어본다 47
음표가 떠다니는 한 마디 49
유리 눈물 50
주정酒酊 51
액자 속으로 들어간다 53
우유니 소금호수 55
답신 56
그 골목길 58
유목流木 59
모과 60
번지점프 61
그루터기 62

3부 먼 길

감자 64
장마 65
초승달에 걸린 수레 66
먼 길 68
다래나무 지팡이 70
돌아와 앉은 노래 72
생일 74
마지막 이사 76
거울 속의 내 그림자 77
박스 할매 79
섬초 81
감 83
마른 물고기로 눕다 84
너무 멀다 85
둥근 복도 86
늙어가는 역 88
목련 90

4부 고백

네 속에 92
습격 93
기다림은 힘이 세다 94
헬리콥터 96
펭귄 이야기 1 98
펭귄 이야기 2 100
펭귄 이야기 3 101
고백 102
물총새 103
잠자리 104
팽이 놀이 105
녹동 항에서 106
소록도 107
손목 109
선작지왓 111
그 섬에 내가 있었네 112
해감하다 114
울새 115
해설 • 생명을 가진 모든 것들에게는 어머니가 있다 • 이승하 118

1부

갯메꽃

선달그믐

난 몰랐네
뒤돌아보니 따라오고 있는
점자들의 흔적

더듬어 넘기는 책장
한가운데
서 있네

닳아지는 지문에
얇아지는
세월 그림자

갯메꽃

수천 번 수만 번 뒤척이던 저 낯익은 소리가
오늘은 비명으로 쏟아진다

들이치는 해풍에 살아남으려
낮은 포복으로 모래땅을 기던 밤마다
조금만 더 가까이 오라고
떠지지 않는 눈썹만 파르르 떨었다
오랫동안 섬과 섬을 돌아
상처 난 발을 절룩이며 왔을 때
한쪽 마음을 도려내어 그늘을 내주었다
그늘 안에서도 당신은 앉지 못하고
자꾸 쓰러지는 햇빛 속으로 뛰쳐나갔다

내 몸에서 꽃이 피기를 기다렸다
당신에게 꽃잎이라도 덮어주고 싶었다
달빛도 다시 태어날 것 같은 사월의 밤
내 뿌리까지 당신이 스며들었다

읽지 못한 유서 한 장 봄 바다로 떠간다

타전

나는 매일 아침
누워서 자라는 나무에게 간다
땅을 단단히 움켜쥔 뿌리가
굴형에 뒹군 가지가
거친 숨을 토해내는 그 나무에게 간다

어린 나무의 등이 매트리스를 뜯어내려고
굽은 손이 숟가락을 쥐려고
움직이지 않는 다리가 반복되는 욕망으로
몸부림 칠 때
나는 묵묵히 달력 속 숫자들을 밟으며
상처난 시간들을 지워간다

어떤 우레가 몸뚱어리를 내리쳤는지
또 한 차례 견디기 힘든 뜨거운 지열에
달구어진 껍질이 허물을 벗는다
받침 잘린 말들이 병실 가득 뿌려지는 오후

줄기를 따라 암호들을 해독한 옹이가
푸슬푸슬 돋는다

막혔던 물관이 다시 숨을 쉬고
살갗은 수밀도처럼 달콤한 즙을 흘린다
달려드는 회오리바람을 사열한 나무는
곧 일어서서 걸어 나갈 듯 뿌리부터 왁자하다

누워서 자라는 나무는
온몸으로
살아있는 오늘을 세상으로 보낸다

자폐自閉의 문

나는 열어보고 싶다
손에 잡히는데 열리지 않는 이 문을

삐걱대고 흔들릴 때마다
너는 문에서 더욱 멀리 비켜나는구나
하루 종일 두드려도
침묵의 열쇠는 그물무늬비단뱀처럼 능글거린다
문 앞에 서 있는 나를 비웃듯
너는 원시림 속으로 깊숙이 달아나
검은 뼈로 만든 피리만 똬리 틀고 있다

때론 나도 이런 문 하나 만들고 싶다
그렇게 나란히 닫고 우리 서 있으면
먼 세상 끝에서부터
우리의 문을 열어젖힐
거대한 북소리 들릴 것 같다

무엇인가 바뀌고, 뒤집어지는 소리가
세상을 흔들며
우리의 문을 부수고 걸어 들어올 것 같다

푸른 사과의 시절

오늘도 민이의 자리에는 가방만 앉아 있어요
엄마와 떨어지는 것이 무서워 울면서 집으로 돌아갔지요
다시는 만날 수 없을 것 같아
물거품처럼 사라질 것 같아
엄마의 치마꼬리만 붙잡고 또 가버렸어요
얼룩진 불안으로 가득 찬 하루가 시작되네요

내가 푸른 사과일 적
수많은 사람들 틈에서 놓쳐버린 손과
땅거미 밀려오는 골목길을 헤매던 목메임과
불 꺼진 방에서 홀로 깨어나던 어둠이
소리 없이 크던 가지마다 매달려 있었지요

사과는 익지도 못하고
가을 없는 겨울을 맞으며 얼어갔어요
눈보라 속에서 붉은 노을을 삼키며
잘라진 시간을 이겨내는 방법을 배워갔지요

잊었던 푸른 사과의 시절이
다시 찾아오네요

그물

추적추적 봄비 내리는 운동장
오층 창문에서 내려다본 등나무 지붕에
거북이 등짝 같은 축구공 하나,
빈 방으로 돌아가지 못한 운동화 한 짝
비를 맞으며 엎드려 있다

이별도 먹으며 커야 하는 아이들이
질긴 그물에 걸려 울고 있다
그 옛날 잃어버린 엄마를 찾아 시장통을 헤매던
한 아이의 심장도 함께 걸려 울고 있다

이 그물에 푸른 잎 숨소리처럼 돋으면
가버린 엄마는 오실까
어젯밤 꿈처럼 찾아오실까

패일수록 단단해지라고 봄비가
무른 흙덩이를 때린다

일찍 핀 민들레 고개 꺾인 채
웅덩이 속으로 목이 잠긴다

바다가 된 운동장에 어둠이 내리고
걷어낼 수 없는 그물이 깔린다
이 질긴 그물, 저인망이다

아이들은 옆으로 자란다

혼자 놀기에 익숙한 아이들
쥐 한 마리 잡아 살포시 검지로 누른다

눈알이 붉게 반짝이는 이 쥐는
큰물이 둑을 부수고 들판을 덮어버리듯
세상을 엄청난 속도로 질주하기 시작한다
술래잡기, 땅따먹기, 고무줄놀이, 친구와의 주먹다짐은
뿌리째 뽑혀 수장된다

쥐들이 데려간 세상에서
총을 쏘고, 칼을 휘두르고, 폭탄을 던지며
누군가 흘리는 피를 무심히 바라본다
쓰러지는, 신음하는, 죽어가는 것들이 둥둥 떠다니고
쥐는 가려운 앞니로 세상 밖의 세상을 갉아댄다
반짝이던 눈알은 점점 붉게 물들고
몸은 허연 기름띠가 무지개를 그린다

오늘 아침도
밤새 싸우고 일어난 살찐 회색 쥐들이
줄지어 학교를 가긴 간다

토스터기가 기다린다

네모난 운동장
네모난 금을 긋고
네모난 아이들이 넴 넴 넴 뛴다

네모난 아이들이 구르자
네모난 공이 톰 톰 톰
네모난 피가 운동장에
네모난 도장을 쾀 쾀 쾀 찍는다

네모난 창문 안
네모난 칠판 앞에서
네모난 선생이
네모난 책상을 껴안은 아이들에게
네모를 잘 만드는 미래를 가르친다

네모난 컴퓨터
네모난 모니터 속에서

아이들이

네모난 식빵으로 맛있게 부푼다

진언眞言

소도 안 먹는다는 저 풀이
독 없는 풀을 밟고 초하의 땅을 덮는다
항상 독 없는 풀은
뿌리째 뽑히는 자신의 부드러움이
상찬되어 먹히는 자신의 향긋함이
진저리나게 권태로워도
독을 키워내지 못한다
때로 그 독에 잎맥을 베어도
전염병처럼 창궐하는 저 쓰라린 색정이
꿈틀거리며 살아나는 저 질긴 목숨이
치욕스럽기 때문이다

대리운전 999

첫 손님은 천왕성에서 만났다
별들이 궤도를 이탈하며 우주를 가른다
손님은 이미 잠들었고
나는 빛의 속도로 가야 한다
브레이크를 잃은 우주선은
시간의 주름을 다림질하며 날아간다
낯선 별들이
창밖으로 싸늘한 뒷모습을 남긴다

한 때 천왕성을 드나들던 시절
다족류의 빨판처럼 잡아당기던 독을 눈치 채지 못했다
독 오른 몸뚱이로 정거장에 걸터앉아
부서지는 별똥별에 공수표를 날리곤 했다
저 멀리 백색왜성 속으로
지나간 시간들이 빨려 들어간다

벌레 먹은 사과, 기울어져 있는

지구의 처마 끝
가장 검게 썩은 그곳에 우리는 내려앉는다
첫 손님의 지폐를 발바닥에 붙이고
나는 다시 또 걷는다

새벽은 울리지 않는 수신음처럼 멀다

밀랍인형들이 사는 거리

보이니
가슴을 열면 돋을새김한 촛불 하나
까만 심지를 세우고 펄럭이고 있다

때로는 툭 건드리며 겁 없이 지나가던 가랑잎도 급사하고
호기심 많은 놈들은 은빛 날개를 태우기도 했지만
세상은 반복되는 후렴구처럼 지루할 뿐

질긴 자명종 소리로 아침이 오면
나는 가슴에 J-120 이름표를 달고
침을 흘리거나, 눈을 껌벅이거나, 뱅뱅뱅 돌거나, 소리소리 지르거나
또 하루를 그렇게 보냈다

쓰러져 검은 푸가 소리를 듣는 밤이면
울컥한 촛농이 흘러내려 허전했던 발등을 뜨겁게 감싸안곤 했다

바오밥나무처럼 거대해진 촛농 속에
켜켜이 갇힌 시간들은 단층을 이루고 뿌리를 내렸다

들리니
꺼내지 못하는 이름 하나
낯설게 비상등만 깜박이며 막다른 골목에서 돌아 나오지 못하고 있다
내가 촛불을 켜기 전부터 살 속에 들어와 박힌 그 이름
죄의 찌꺼기들과 함께 갇혀 있다

오늘도
거리에는 낯선 인형들이 촛농을 줄줄 흘리며
뚜벅뚜벅 걸어 다닌다

응시

그들의 미소에 껍질이 굳어
그들의 콧등에 진물이 흘러
그들의 눈가에 씨앗이 덮여
눈동자 없는 얼굴이 완성되어 간다

초상화에 던진 토마토는*
기다림의 레일을 밟고
새롭게 태어날 또 하나의 세계를 기다린다

역사 없는 역들을 지나
찢어진 깃발들 쓰러져 있는 들판을 지나
돌아오지 않는 기억의 무덤을 지나
기차는 멈추지 않고 달린다

검은 터널을 헤엄쳐 나오자
굳었던 씨앗들이 기지개를 켜고
눈동자들이

하나, 둘
깜박이기 시작한다

* 씨킴(1951~) : 캔버스에 토마토를 던져 그림을 완성하는 화가.

스크래치

그날 누군가
검은 물감을 부은 순간
버섯구름과 섬광 속으로 초록빛 섬은 사라졌다
잿더미 속에서
썩은 링 도넛처럼 떠오른 환초
죽은 물고기들이 악취를 풍기며 몰려들었다

부서진 바위마다
신음으로 새겨진 발톱자국들
무르로아 섬*에서
도마뱀의 얼룩을 등에 진
사람들을 보았다
파도가 솟구쳐 상처를 스칠 때마다
반쯤 잘린 꼬리를 휘두르며
비명을 질러댔다 식어 가는 피에 불이 붙듯

칼날이 지나간 자리에 붉은 길이 만들어졌지만

닫힌 문은 열리지 않았다
환초에 갇혀 잠겨버린 하늘 아래
사람들은 잊혀져가고 있었다

* 무르로아 섬 : 프랑스가 핵실험을 하고 있는 폴리네시아에 있는 섬.

열네 살의 터널

그 집에선
하루에도 수십 번 검은 구멍 속으로
기차가 빨려 들어갔다
자주 내 허벅지 종기에 이명래고약이 붙여지고
밤새도록 알 수 없는 가려움들이
검은 고약 속으로 빨려들어 갔다

옥탑방에 이사 온 아저씨는
하루 종일 평상 위에 앉은 깃털 빠진 부엉이였다
나팔꽃이 덩굴을 타고 기어올랐지만
피기도 전에 꽃은 떨어져 울었다
밤이면 녹슨 계단을 사금파리처럼 흘러내리던 노래들이
기차 소리에 지워지고 내 가슴에는 새로운 종기가 돋았다

'아침이슬'을 다 외워 흥얼거릴 즈음
사람들이 터널 속에서 아저씨를 꺼내왔다
구름 속으로 기차가 굉음을 내며 날아갔고

차창 밖으로 흔드는 손을 보았다
깊이 잠들지 못했고 검은 구멍 속으로
내가 사라지는 꿈을 자주 꾸었다
초경이 시작되었고 종기는 어느새 사라졌다

한동안 새 집에 누워서도
내 몸속을 지나가는 기차 소리를 듣곤 했다

그을린 사랑*

수만 년 동안 사막은
신들의 전쟁을 문신한 모래로 울었다

포화 속 찢겨진 노래는
시취로 가득한 인간의 마을마다 울려 퍼졌다

타버린 것은 사라져버렸지만
그을린 것은 울음을 그치지 못했다

아버지를 찾지 못하거든
하늘을 등지고 묻어라

한 여인의 위대한 사랑은 구원받아야 했다
타락한 신들은 묻어버려야 했다

나의 오빠이며, 너의 형이며, 우리의 아버지
한 남자가 동굴 속 어둠처럼 무릎을 꿇는다

* 그을린 사랑 : 레바논의 내전을 배경으로 한 드니 빌뇌르 감독의 영화.

한 접시가 되기 오 분 전

비늘이 튄다 살갗을 떨어져 나온
물의 기억들이 공중으로 튄다
이제 그를 단단하게, 부드럽게
윤택하게 치장하던 날개는
비린 도마 위에 낭자하다

너를 향해 얼굴 붉히던 지느러미
춤을 추던 잿빛 꼬리
날선 칼끝에서 사라진다

피가 붉지 못한 족속들
아직도 흘리지 못하는 피를 그리워하며
다시 칼을 기다린다
펄떡이는 심장 주저앉히지도 못한 채

그 바람 앞에

오래 잠들어 있던 사진 한 장
몸을 열었다

갈 숲은 패잔병처럼 누웠고
젊은 날의 네가 서 있다
목발에 비스듬히 청춘을 기댄 채
설익은 밥을 씹은 듯 서 있다

한 해 한 해
비린 맛은 혀에 아렸고
영원히 눕고 싶은 적도 있었다
삽날 같은 바람이 등을 후려쳐
두 눈엔 핏물이 고이곤 했다

그때는 몰랐다
눕는 것이 죽는 것은 아니란 걸
누웠다가 다시 일어날 수 있다는 걸

사진 속에서 갈 숲이 일어선다

2부

북경엽서

큰물

흘러간다
뿌리를 적시고
잠든 징검다리를 깨우며
황토빛 노래 흘러간다

떠내려온 죄
갈비뼈에 걸리고
부서진 세월의 잔물결
산 그림자 타고 흘러간다

가슴의 돌 꺼내 던지면
검은 울음으로 내달던 강물이여
해를 잃은 구름 위에 엎어져
썩은 나무줄기들이 흘러간다

그 여름
잔주름 이마까지 출렁이며
큰물 흘러간다

북경 엽서

열여섯 아들의 첫사랑이
홍역처럼 지나가고
붉은 열꽃이 뜨거워
집게에 물린 듯
내 마음도 잠시 정전되었다

네 넓적한 손에 내 손을 얹고
우리는 겨울이 가까운 북경으로 갔다
내 몸이 쏘옥 안길 만큼 커버린 남자여
어떻게 내 속에서 이런 네가 나왔니

안개로 시작하는 북경의 아침
붉은 자금성 하늘 위로 겨울 철새들 날아간다
사랑에 가슴 베인 남자여
솟구친 처마 한 끝에 그 마음 걸어두자
몇 십 번 저 철새 오고 간 후
비바람 견디어 새 살 뽀얗게 돋아 있을지

다시 와 만져보자

내 처녀막을 뚫고 들어와
사랑한다는, 살고 싶다는 기쁨을 가르쳐준
최초의 남자여
네 마음 걸린 처마 옆에 그 옛날 걸어둔
한 여자의 마음
다시 또 붉게 펄럭이고 있다

메시지 815

덥석
안아주고 싶다
그 속도는 빛보다 빠르다

단 것이 생각나는

네게로 가는 달콤함은
물결치는 열대의 사탕수수밭

누군가 가슴으로 뛰어 들어와
뾰족한 고드름을 만들어도
네게로 가는 뜨거움은
한 방울의 흔적도 남기지 못한다

이 사랑은 지독히도 외롭다

완창完唱

내 목울대를 쥐고 있는 새가 있었다

부채를 쥐고 있는 동안 눈물이 고였다

아무도 그립지 않았다

내 몸을 떠나올 너만 그리웠다

부채를 펼쳐든 순간 새의 부리가 목젖을 쪼았다

창이 온통 붉은 노을로 아팠다

날개를 퍼덕이던 새가 하늘로 날아올랐다

너는 그렇게 내 속에서 나와

나를 노래하게 했다

시를 읽어본다

너희들이 나를 클릭할 때마다
나는 쌀 씻던 손을 멈추고
부엌 바닥에 어미닭처럼 웅크리고 앉아
시를 읽어본다
긴 장마에 개울물 불 듯
마늘 냄새 밴 손금 사이로
시가 흘러간다

낯선 세상과 만난 날은
낡은 스피커처럼 그르렁거리며
붉은 강물 속으로 뛰어드는
미운 오리새끼들

밥물을 맞추고
두 연쯤 반죽된 시도 넣어서
압력취사 버튼을 누른다
몇 날은 거뜬히 버티게 해줄

처방전이 들어간 밥이
취이취이 기적소리를 내며
저녁 식탁 위를 달린다

오늘 밤 별들이 숨을 멎거든
엄마의 새 폴더를 클릭해 보거라
바람이 씨방 잃은 암꽃을 사랑한
삼백예순두 번째 이야기가 열릴 것이다

음표가 떠다니는 한 마디

멸치국물이 끓기를 기다리는 동안
마음은 하얀 국수 가락처럼 말린다
넉넉히 구수해진 국물 속에
초승달 같은 영혼들이 음표를 남기고
세상 밖으로 사라진다
국물 속에서 슬픈 노래가 흘러나온다
가다랭이의 뾰족한 이빨
화살오징어의 질긴 빨판
팔분의 육 박자가 떠다닌다
그가 남긴 바다 속으로
바싹 말랐던 내 마음이 옷고름을 푼다
내림마단조의 마디 안에서

유리 눈물*

그녀는 눈물을 흘리지 못했다

너무 차가운 눈물은 세상에 나오자마자 얼어버렸다

흐르지 못했기에 아무도 닦아주지 않았다

눈물은 그 자리에서 홀로 늙어갔다

사람들은 돋보기를 가져와 눈물을 들여다보았다

눈물 속에 눈이 내리고 있었다

* 유리 눈물 : 미국의 사진작가 만레이Man Ray의 작품.

주정酒酊

이것아
밤에 잠은 좀 자는 거니

아직은 바람 매운 생강나무 아래서
풀어져 붉은 네 눈자위 속
뒷걸음질 치는 봄에게 흥정도 해본다

슬픔에도 외투가 있어
꽁꽁 여민 단추는
겨울 내내 풀리지 않아
얼마나 시렸을까 얼마나 얼마나

어젯밤 흥건히 젖은 베개
볕 좋은 툇마루에서 하늘 향해
꽃잎을 그리고 있구나

아지랑이 몇 병 둘러 마시고

후끈 몸 달아오르면
비린내 익기 시작하는 저 들판에 나가
삿대질이라도 실컷 해보자구
이것아

액자 속으로 들어간다
— hot flash* puzzle

아침이 오고 혼자가 되면
가장 먼저 액자는 그녀를 게워낸다
방바닥 가득 조각으로 부서져 누워
그림을 시작한다
흰 구름이, 드레스에 수놓인 붉은 입술이, 스물 두 살의 살결이
천장 가득 피어오른다

냉장고가 몇 번 기지개를 켜고
목에 걸린 약 냄새를 가까스로 삼킨다
김치 국물 얼룩진 바지를 안고
세탁기가 소리를 질러댄다
초인종 사이사이 서성이던 구둣발 소리가 멀어지고
울리지 않는 전화기를 바라본다
그를 잠시 귀에 대어본다
성급히 핀 팔월의 코스모스처럼
잠이 쏟아진다

석양이 목덜미를 어루만질 때
액자는 그녀를 부른다
떨리는 손으로 마지막 한 조각을 끼워 넣는다
어둠이 내리고
완성된 액자가 벽에 걸린다

모두가 돌아오기 전 그녀는 액자 속으로 들어간다
울리지 않는 수화기를 들고

* hot flash : 폐경기의 한 증상.

우유니 소금호수*

하늘이 들어와 누운 거울 속
먼 행성에서 온 그림자 하나
아무것도 감출 수 없어 알몸으로 걸었네
곪아가던 부스럼들이 가렵기 시작하자
끝도 보이지 않는 햇빛 속을 달렸네
검게 아문 딱지들이 흩어져
하얀 소금이 되어 녹아내렸네

지평선을 삼킨 백색의 사막을 지나
천년을 견딘 선인장들이
노래하고 있는 곳, 어부의 섬에 도착한 날
푸른 가시들 앞에서 나는 부끄러웠네
선인장 숲에서 잠든 밤
온몸에는 가시가 돋았네

* 우유니 소금호수 : 볼리비아에 있는 세계 최대의 소금사막으로 우기에는 사막 전체가 얕은 소금호수가 된다.

답신

나는 압니다
비가 이렇게 오지만 곧 그칠 것을

비린 당신의 냄새는 내 눈동자에 닿아
문신을 새기고 갔음을,
처마에 매달린 저 빗방울들
시간의 파편으로 곧 사라질 것을

빗물이 흙덩이 사이로 낸 길
반짝이는 그 길로는 가지 못하고
견디지 못하는 것들 다 토해내고도
펄떡거리는 붉은 지렁이처럼
진 무릎 끌며 기어가고 있음을

아침이 되면 고개 숙인 풀잎에 맺힌 빗방울들
마른 눈물 자리 남기고
흔적 없이 저 우주로 떠나갈 것을

더 이상 울지 못하는 귀뚜라미 한 마리
알을 낳고 흙 속으로 들어가는 그 모습을

내 눈동자에 살고 있는
당신과 함께
지켜보리라는 것을 나는 압니다

그 골목길

삼십 년 만에 우연히 그 길을 찾았을 때
길도 늙어 있었다
높다란 담장들은 난쟁이처럼 쭈그러들었고
혼자 걷기에도 갑갑한 길은
고무줄놀이를 하던 기억 속의 광장이 아니었다

계집아이가 먹고 자란 세월이
길 구석구석 묵은 그림자로 눌어붙어
늦가을 오후 햇살에 시름시름 졸고 있었다
내가 살아온 빗살무늬 같은 시간들만큼
길도 수많은 시간들을 가슴에 새기고 보듬었을 것이다
바닥에 드러누워 섬광처럼 지나가버린 그 시간들을
길에게 부려 놓고 싶었다
물결처럼 내 몸을 간질이며 길도
사라지려 했던 기억들을 조용히 게워내리라

서울시 서대문구 충정로 그 골목길

유목流木

다시 불시착한 곳은
어둠을 집어삼킨 백색의 벌판
보이지 않는 거울 하나
눈 위에 서 있다
비춰보고 싶은 조바심으로
거울에게 주문을 걸어본다
살아가는 일은 종종
신음소리를 낸다
눈 폭풍 속에서의 기다림은
오로라처럼 허망하거나
갖지 못한 것을 먼저
떠나보내는 것만큼 견디기 힘들다
부숴버린 거울 앞에서
검고 깊은 줄무늬를 그으며
몸통은 단단해져간다

어느 해안가쯤에서 나의 전생은
잃어버린 시간을 이어 붙여가고 있을까

모과

항상 그 자리에 있던 너인데
눈길 한번 준 적도 없이
잊은 적도 많은 날들이었는데

태양의 고도가 이마 위에 내린 겨울 아침
누런 울음 흘리는
시간의 먼지들을 본 순간
내 어깨를 털듯 널 버리고 싶구나
내게 아무것도 바라지 않았던
그 고요함을 버리고 싶구나

손을 대자
따뜻한 피가 돌기 시작하는
너무 늦은 후회가
널 가만히 어루만져본다

번지점프

여자다
뚱뚱한 비명이 물살을 가르다 튀어 오른다
엉덩이 살 육백 그램이 먼저 호수에 떨어진다

남자다
비늘 선 물고기처럼 파닥거린다
담금질 된 근육이 오후 햇살을 잘게 부순다

남자랑 여자다
자웅동체 하나로 떨어진다
깍지를 풀면 나부낌 데칼코마니 한 장 바람에 날린다
사랑을 이길 두려움은 없다

나다
소리 없이 천천히 떨어진다
나보다 먼저 떨어지는 저 저것들
지푸라기로 흩어져 물 위에 뜨는 저것들

세월을 견딘 허수아비 하나 힘없이 떠간다

그루터기

너의 뒷모습을 바라보는
저녁 어스름

초롱꽃처럼 굽은 나의 등을
바라보는 누군가를

나는
돌아보지 못한다

내 그림자를 먹칠해 가듯
너를 지운다

산벚꽃나무 가지 사이로

눈 먼 수리부엉이 한 마리
그믐달 속으로 사라진다

3부

먼 길

감자

뒤돌아보는 바람에 묻어 있던 당신 냄새

저물녘 손 내밀고 달려간 동구 밖에는

눈물 그렁그렁 맺힌 까마귀 떼만 하늘로 올랐다

나도 좀 데려가라고

감자 꽃 흔들리는 밭고랑에 맨발로 서면

호미 든 당신 모습 그대로인데

나는 밤마다 흙 속에 잠겨

누런 감자가 되어갔다

장마

수청리* 늙은 느티나무
긴 하품하며 눈물 질척이는 오후
곡소리라도 낼 것 같은 먹빛 하늘 아래
마을 할머니들 구부정하게 이마를 맞대고
연신 화투짝을 내리칩니다
주름져 말린 적삼 사이로
늘어진 젖가슴 땀을 찍찍 흘리고
집 나간 서방 죽어서야 돌아왔다는
팔자 사나운 이야기 안주 삼아
10원 빵이 화투판은 시름시름 돌아갑니다
풍단이여, 났다. 났어.
내도 요 사슴처럼 살고 싶었는디
반짝이는 할머니 눈 속에서 꽃사슴 한 마리
내게로 뛰어오는데
어디선가 비를 움켜쥔 구름, 떼로 몰려들어
뒷짐 쥐고 서 있는 저 강에
모진 세월 풍덩 던지고 흘러갑니다

* 수청리 : 경기도 광주 남종면 남한강가에 있는 마을.

초승달에 걸린 수레

방금 119 구급차가 떠나고 국립중앙도서관 하늘 위에
깨어진 안경 하나 걸렸습니다

열람실 책상 위로 아침햇살 빗기면 언제나 그 자리
단아한 감색 셔츠의 당신이 여름날 나팔꽃처럼
몸을 웅크린 채 책 냄새를 맡고 계셨지요
어느 오후에는 진 무른 눈가를 닦으시더니
바람이 빗방울 때리는 창문을 말없이 바라보기도 하셨습니다
도스토예프스키, 톨스토이, 파스테르나크, 고골리
몇 날을 러시아 광막한 벌판에서 눈을 맞고 계셨지요
몸속으로 걸어 들어온 문장들이 환호성을 지르면
촉이 단 만년필을 꺼내 떨리는 손으로
씨앗을 심듯 필사를 하기도 하셨습니다
그날 당신은 눈 덮인 시베리아 자작나무 숲을 걷고 계셨지요
희디흰 나무껍질 위에 남기고 싶은 문장을 새기느라

다시 돌아오지 못하고 계신가요

구급차가 사라진, 아무것도 변하지 않은
세상을 바라봅니다
초승달 사이로 안경은 사라지고
무거워서 더는 가지 못하는
당신의 책 수레만 오래도록 걸려 있습니다

먼 길

저 노인
봉분처럼 둥근 허리 말아 쥐고
오늘도
누울 자리 보러 가시네

주름진 파도에
젖은 세월
해풍에 말리며
한 걸음 한 걸음 올라가시네

햇볕에 잘 자란 묏등
슬그머니 한번 쓸어주고
작년 봄 먼저 누운 할망구
잔소리 한번 들어주고

—언제나 이 따숩은 자리에 누울끄나

먼 산 그림자 발등 덮을 때까지
저 세상 저녁연기 피어오를 때까지

마른 나무 밑동부리로 앉아 계시네

다래나무 지팡이

오래 전
당신의 손에 잡혀
자갈밭 산등성이를 올랐습니다
풀지 못하는 매듭이
내 몸을 감은 줄도 모르고
가벼운 콧노래까지 당신과 함께 걸었습니다

산이 깊어지고
그믐달 아래 홀로 남겨졌을 때
부르튼 발과 휘어진 등을 보았습니다
벗겨진 껍질 사이로 몸통이 우는 소리가
소낙비처럼 들렸습니다
아무도 찾지 않는 시간들로
매듭은 더욱 단단해져만 갔습니다

절뚝거리는 시간을 내려다보며
넝쿨을 따라 되돌아갔습니다

땅속에 단단히 뿌리박힌
무성한 가지와 푸른 잎들이 흔들리던
먼 과거가 빛나고 있었습니다

잊어야 할 것에 머리를 기대는
긴 슬픔이 시작되고 있었습니다

돌아와 앉은 노래

마흔셋, 그해 겨울
흰 눈 쌓여 삭정이 부러지던 밤
눈은 마디마디를 얼리며 온 몸을 찔렀다
닳아진 레코드가 헛돌고
새벽이 오도록
그녀의 사랑은 돌아오지 않았다

그를 눈 속에 묻고 돌아와
사흘 밤낮 작두를 탔다
기억하는 노래들은
죽은 나무껍질 사이사이로 흘러내렸다
얼음 꽃으로 핀 노래들이
벌판에 쓰러지고 그녀는 고사목이 되어갔다

죽음의 문 앞에 선 나무뿌리에
따뜻하게 번져가던
딸의 초경

그녀는 새순을 기다리는 노래를
부르기 시작했다

이제
칠순의 그녀 앞에
마흔셋, 그녀의 딸이
그 겨울을 넘어가고 있다

생일

뒤란 장송가지 두두둑 부러지던 밤이었다지
흰 눈 속에 안긴 샘내골
바람도 먼 나라로 떠나가 버린 그 밤
몸을 푼 그녀 홀로 돌아앉아
마른 고추처럼 말라붙은 젖을 짜고 또 짜고

눈 산이 된 아침 들판
솜버선 껴 신고 앞강에 엎어져 얼음을 깼다지
수많은 움츠림 끝에
하얗게 소리 지르며 얼었던 그 강을

내려앉지 못하는 얼음장 밑으로
허기진 딸년의 까만 입 보이고
휘적휘적 발걸음 내딛자 힘 빠진 살에서
붉은 꽃잎 후두둑 눈밭에 뿌려졌다지

팔십 평생 산후풍 앓이

삼복에도 바람 든 무처럼 뼈가 서걱거렸다는 그 할매

이순의 딸년 생일 미역국 앞에서
—네가 젖배 곯아 이리 평생 고생한다

합죽한 검은 입으로
그 겨울을 또 삼킨다

마지막 이사

칠십 평생 끌고 다니던 손때 묻은 세월 일곱 자루도 넘게 버리고 깃털처럼 가벼워진 몸뚱이로 우리 엄마 이사 오는 날, 오월 햇빛 찰랑찰랑 강물에 부서지고 눈가에는 그렁그렁 눈물 맺힌다 자꾸 뒤돌아보는 눈길에 뒤따라오던 용달차 멈칫멈칫 낯을 붉히는데, 월남서 가져왔다는 38년 된 미제 축음기 외할매가 시집 올 때 주셨다는 일제 유리그릇 아버지와 함께 들었다는 문주란 레코드판……

자들이 와 강물에 둥둥 따라오노

어무이 이제 다 놓고 몸만 갖고 가입시더

거울 속의 내 그림자

전나무 숲 가득
얼어붙은 겨울 호수

갑자기 닫힌 문에 손가락을 찧듯
검은 구멍이 떠오른다

하얀 숲을 술래잡기 하던 그림자들이
구멍 속으로 빨려 들어가고
잘려진 그림자 한쪽이 호수 바닥에 가라앉는다

상처 깊은 구멍을 안고 있는
하얀색
그녀가 입고 있던, 눈물 흘리며 안아주던
그 겨울의 상복처럼
하얀색이 따뜻하다

그녀의 가슴이,

녹지 못하는 겨울 호수였음을
그때는 알지 못했다

가라앉은 내 그림자가 꿈틀거리기 시작한다

박스 할매

언제부턴가 그녀의 이름은 박스 할매
오후 4시의 늘어진 햇살 굽은 등에 업고
헐떡헐떡 리어카가 언덕을 넘는다

개구쟁이들 물살을 휘젓는 올챙이마냥
접혀진 박스 사이를 파고든다
짓눌려 있던 가난이 차르르 쏟아진다

그녀의 기역자 허리가 젖혀지고 리어카가 멈춘다

잃었던 자식을 보듬듯 박스를 주워
굵게 성근 이마의 주름처럼 탑을 쌓는다
한 층 한 층 닳아진 세월을 쌓는다

리어카가 다시 움직이고 그녀의 모습은 보이지 않는다

개구쟁이들 매미처럼 달라붙어 쫓아간다

늦가을 저무는 햇살이
멀어지는 탑 위에서 흔들리고 있다

섬초*

푸들푸들
칼바람에 주름이 굵다
보랏빛 뿌리에
짭조름한 소금 알갱이
섬 아낙의 땀방울이 구른다

누렇게 멀미한 잎들을 끊어내며
그녀의 핏줄 선 정강이
손톱 밑의 까만 흙을 생각한다

새색시처럼 묶인 포항초보다
다라이에 수북이 널브러져 있던
네게
더 손길이 간 것은 왜일까

바다 바람에 고단한 맘 달래는
그녀의 한숨 소리

저녁 냄비에서 바르르 데쳐지고 있다

* 섬초 : 전남 신안군 비금도에서 재배되는 재래종 시금치.

감

구례에서
감이 왔다

지리산 물소리로 익은
다홍빛 족두리

새벽 찬 달 아래
빈 가지 흔들며

그리움
털고 있을 당신

항아리 가득
퍼낼 수 없는 세월이 쌓인다

마른 물고기로 눕다

내 푸른 지느러미가 요동치던 바다
다시 갈 수 없는 세월이로다
살갗을 옭죄던 그물망
피를 토하며 한탄해본들
정해진 물길로 배는 떠나가더라
사랑아 너를 한번만이라도 가질 수 있다면
차라리 삭은 빨랫줄에라도 매달려
해풍에 몸을 말려가던 그날이 그립구나
시장통 뭇 사람 눈길 뜨거운 좌판 위
허연 소금기 밀어내고
꾸덕꾸덕 고소한 살 냄새 풍기며
겹겹이 쌓이는 건어 더미 속에 던져져
하루 종일 가려운 몸을 뒤채고 있구나

너무 멀다

제발
산소마스크만은 씌우지 말라고
입버릇처럼 말씀하셨다 한다

나무토막으로 응급실에 눕게 되자
자식들은 눈물로 산소마스크를 씌웠다

움직일 수 없는 코끼리
상아가 묻힌 구덩이를 찾아가야 한다
기억하지 못하는 시간을 꼬리에 매달고
상아를 묻으러 떠나야 한다

흐르지 못하는 눈물이 고인다
아무도 이 시간을 잘라주지 못한다

자유가 허락되지 않는 삶을
포기할 자유는 선택할 수 없었다

가는 길이 너무 멀다

둥근 복도

밤새도록
날개 다친 새 한 마리 종종걸음으로
노오란 해바라기를 그린다

떨리는 부리로 물고 온 꽃잎들
푸른 형광등 아래서
더 창백해질 내일을 기다리고 있다

끝없이 이어지는
불면의 칼자국 사이로
햇살 받고 눈부시게 빛나던 정오와
소낙비에 가슴 설레던 저물녘이
잘려져 간다

새벽이면 사라질 꽃잎들 사이를
지친 새는 잠들지 못하고
돌고 또 돈다

시작한 자리로 매번 다시 돌아오는

병동의 둥근 복도

늙어가는 역

몸이 내리지 못한 역에
마음이 먼저 내렸습니다
닫힌 자동문 앞에서
내리지 못한 몸이 강물을 바라봅니다
불빛에 반사되어 환해진 마음
눈썹 밑에서 가랑비처럼 젖는 마음

사랑한다고 말한 적 없지만
사랑이 강물처럼 흐르던 시절이었습니다
플랫폼으로 들어오던 얼음 같은 기차를
보내고 또 보내고
초승달이 수줍게 눕는 강물 위를
오래도록 함께 걷고 싶었습니다

자루 벌레 같던 젊음은
검은 터널 속으로 휙휙 사라져 갑니다
나는 오늘도 늙어가는 역에

마음만 내려두고 지나갑니다
당신은 지금 어느 역을 지나고 있나요

목련

몇 차례 궂은 비 먹고

청상과부 소복처럼 나부끼더니

오늘

새벽달 아래

피도 흘리지 못한 채

유서 한 장도 없이

너

알몸으로 서 있더라

4부

고백

네 속에

배꼽 밑에 파도가 있지

하늘에 걸린 불가사리
흘기며
나는
휘파람이나 불다가
붉은 것 하나 뚝 떼어
놀다가
돌아오는 살이여

수평선 바라보면
어느새 나는
속에 있지

습격

붉은 밤이다
자두를 깨물던 입술이 덮쳐오는 밤이다

잊었던 기억들이 잇몸 가득 몰려들어
숨도 쉬지 못하고 뭉텅뭉텅 가슴을 시침질한다

희미한 그믐달 한 자락에서
녹슨 가위를 꺼내 겹쳐진 시간들을 오려낸다

두근거리는 심장 위에
한 땀 한 땀 살아나는 욕망들을 박음질한다

매듭 없이 꿰어진 실
당기면 과즙이 흘러내리듯 스르르 풀려

아아 잠 못 이루는 밤이다

기다림은 힘이 세다

길은 만들어지느라 없어지고
종일 해는 구름에 가려 내려오지 못하네
서리 맞은 늦가을 배추들
등을 세우고 잔기침 쏟아내는데

옆구리 깊숙이 잠들어 있던
당신이 달그락거리네
눈을 감고 귀를 막아도
따뜻했던 온기가 늑골을 타고 기어오르네

어디쯤엔가 버리고 가야 할 것 같은데
돌아오지 않을 이 길 위에 내려놓고 가야 할 것 같은데

꽃 지고 열매 기다린 시간들 사라지고
다 내어 준 빈 들은 기억의 티끌을 태우고 있네
노을 속으로 흰 새떼가 내 몸을 친친 감네

낯선 정류장마다
당신은 말없이 서 있네
저 무덤가, 저 억새밭, 저 느티나무를 지나

헬리콥터

깨질 듯 얼어붙은 하늘,

너보다 먼저 소리가 왔다
소리에서 네가 쏟아졌다

그날 아침,
마당 빨랫줄엔 목을 맨 시래기가 첫 서리를 하얗게 맞고 있었다
플랫폼에 묻어 있던 축축한 새벽안개가 군용잠바에 실려 녹슨 대문을 들어서고
새파랗게 면도한 턱이 내 이마 위에서 뜨거운 입김을 토했다 두 손은 호주머니 깊숙이 말 못하는 네 맘처럼

내가 정적을 깨려 할 때
소리가 다시 우리를 가르며 돌아왔다
막 일어선 햇살이
처마 끝에 매달린 고드름을 아프게 찔렀다

겨울 아침이

얼음호수 속으로 사라지고 있었다

펭귄 이야기 1

뒤뚱거리며 침대로 갔을 때
당신은 이미 없었다
짧은 다리로 당신의 허벅지를 긁기도 해보았지만
숨소리는 먼 남태평양
비취빛 바람에 얹혀있었다

나는 홀로 서 있었다
어디에도 당신은 없는 얼음산 그 한가운데

한때 당신은
알을 품은 채 눈도 뜨지 못하는 바람 속에서
나를 기다린 적이 있었다
뱃속 가득 잘게 부순 먹이를 채우고
나도 당신과 우리의 알을 향해
몸을 뒹굴며 달려간 적이 있었다

이 밤

오로라 흐르는 하늘로
당신의 손을 잡고 날아오르고 싶지만
지느러미가 된 날개만 퍼득이고 있다

펭귄 이야기 2

고독으로 가려운 날개를 비비며
숨가쁘게 이륙을 시도하지만
퇴화된 비행은
뒤뚱거리며 주저앉는다

새임을 포기한 날개가
온 바다를 차지할 듯 춤을 시작한다
어두워질수록 강해지는 지느러미여

물고기 한 마리
젖은 얼음 위에
서 있다

불 꺼진 등대처럼

펭귄 이야기 3

지나간 순간의 고통은
쉽게 잊혀져 갔다
절벽을 치고 나간 파도처럼

물거품 속에서
겨우 살아난 새는
자신이 한 때
껍질 속에 갇혀 있었음을
누군가의 물고기를 낚아챘었음을
기억하지 못했다

이제
성긴 깃털마저 남루해진 새는
짧은 비행 앞에서도
까마득해지는 비굴함을
고백하지 못한다

깨어나지 못하는 알을 품고 서 있는 새는

고백

네모난 그 입술 속으로 나를 밀어 넣고 싶었지
저물녘
은빛 셔터 내려진 우체국 앞을 지날 때마다
낯선 길모퉁이에서 만난 묵뫼처럼
네 붉은 어깨 처연했지
발목을 부여잡는 사산된 시간의 신음소리 들려왔지

언제쯤 나는 우표를 붙이고
언제쯤 나는 탁— 하고 떨어지는
뒤돌아보지 않을
그 소리를 들을 수 있을까

소인을 찍지 못한 시간들이
길 위에 날지 못하고 묻혀 있다

물총새

물그림자 흔들리면
종이를 구기듯
온 몸을 오므렸다

바람보다 먼저
내가 간다

수면을 가르는 순간은
화살보다 빠른 부리 안에
단단히 묶인다

발버둥칠수록
너는 작아진다

숨소리 날갯짓에 잦아들면
몸은
한 조각 풍경으로 남는다

다시 정적이다

잠자리

네 날개이고 싶다
어느 때든 어느 곳이든
함께 할 수 있는

네 꼬리이고 싶다
그리움을 싣고 창공을 날아
사뿐히 가지에 내리 꽂히는

날아가고 싶다
시간을 기워 융단을 만들어
네게로 날아가고 싶다

팽이 놀이

사랑이 돌고 있다
맴돌다가 깨어나 일어서면
주저앉는 눈물이다

깊은 잠 속에서
우린 아주 가까이 있다
남빛으로 커가는 잠

깨어나지 못하고
내 가슴 위에서
뱅글뱅글 돌고 있다

채찍을 기다리며 돌고 있다

녹동 항에서

배도 끊긴 포구에
밤을 저미며
섬 우는 소리 들린다

뭍을 향해
긴 세월 피울음 던지다
휘어진 저 해송들

검은 바다 위
징검다리 놓은
만월을 밟고

뼈만 남은 섬 하나
소록도가
우렁우렁 건너오고 있다

소록도

— 한하운 시인 시비 앞에서

모진 목숨 실을 잣 듯 잇다가
이제 여기 하늘 향해 누웠소

억겁 세월로도 스러지지 않는
천형은 땅 속에 묻고
내 심장에 시를 쓴 채 이렇게 누웠소

인간사 그리워 피-ㄹ 닐리리*

보리피리 소리 파도를 타고 흘러갔지만
밀려든 것은 돌팔매질로 얼룩진 반평생

눈물의 언덕을 지나 피-ㄹ 닐리리*

살아도 산 것 같지 않은 세월
이 바위에 새겨
비와 바람이, 눈과 햇빛이 혹은 새가 나비가

기억해주길 바라오

당신, 하늘로 가는 길목에서 보리피리 소리 들리면
나와 함께 손잡고 가지 않겠소

* 한하운의 시 「보리피리」에서 인용.

손목

머리를 숙이고
벌레처럼 작아져
일곱 개의 굽은 바위를 지나
관음전에 닿는다

달빛 없는 바다
파도는 달려와
부처의 무릎을 씻고
가슴을 치고

풍경에 부딪혀 우는 낯선 새
일찍 핀 동백
발톱 사이로 피가 흐른다

뒤돌아보니
이제까지 걸어온
피지 못한 동백 사이에

내가 서 있다

손목을 내어 놓고
향일암을 떠난다

선작지왓*

다 올랐다고 생각했는데
길은 시작되고 있었어
끝이 보이지 않는 길
누가 이 높은 들에 하늘 길을 놓았나

수십 만 년 전 바다는 하늘을 향해
불의 작살을 던졌어
스스로 몸을 열어 솟구친 자리
팔월의 태양마저 게걸스럽게 먹어치우는
키 작은 관목들의 욕정
그 먼 옛날의 사랑이 푸른 잎마다 타오르고 있었어

잎새마다 번지는 불의 행렬
백록담을 향해 날아가는 불길 하나
내 몸에 화인을 찍었어

얼마나 사랑한 것일까 우리는

* 선작지왓 : 한라산 해발 1600m에 다다르면 만날 수 있는 광활한 초원.

그 섬에 내가 있었네*

구름이 몰려온다

바람이 거세질수록
성난 코끼리 떼 긴 코를 흔들며
산 꼭지를 무너뜨린다

살아온 날들이 너무 무겁다
걸어온 날들이 너무 가볍다

내 어린 코끼리들은 지친 듯
섬의 하늘을 맴돌고 있다
이 빛나는 상아를 보아라
나를 따르라 내 젖은 아직 마르지 않았다

다시 일어나 두모악**을 넘는다

바다로 달려가는

나는 뭍의 제왕이다

* 제주 풍경사진 작가 고 김영갑 선생의 사진첩 제목.
** 두모악 : 한라산의 옛 이름.

해감하다

슬픈 노래가 좋다

에디뜨 피아프의 라비앙 로스
미소라 히바리의 흐르는 강물처럼
아말리아 로드리게스의 검은 돛배
이미자의 동백아가씨

그녀들의 가슴으로 토하는 시가
내 영혼을 맑게 한다

울새

새가 울어요 비 오는 풀숲에서

돌아오지 않는 당신을
이 비를 뚫고 오지 못하는 당신을 기다리고 있네요

유리병 속의 진공처럼, 집음기 속의 소리 비늘처럼
짓누르는 시간들이 창자 사이로 흘러내립니다

바람이 거칠어지고 풀들이 소리쳐요
떠나지 못하는 새는 젖은 날개를 파닥입니다

기다린다는 것은
찢겨진 시간을 기워 가는 일

바늘이 지나간 자리마다 한 땀 한 땀
붉은 울음소리 맺혀 있네요

해설

생명을 가진 모든 것들에게는 어머니가 있다

이승하 시인・중앙대 교수

생명을 가진 모든 것들에게는 어머니가 있다

이승하 시인 • 중앙대 교수

시의 역사를 생각해본다. 공자가 편한 『詩經』의 역사는 불교의 역사와 큰 차이가 지지 않는다. 예수 탄생 이후의 역사보다 훨씬 긴 것이 구약 『詩篇』의 역사다. 우리 인류는 그러므로 아무리 짧게 잡아도 3000년 전부터 시를 써왔다. 고대 그리스 시대에도 서사시와 극시, 서정시가 있었고, 중국의 춘추전국시대에도 시가 있었으니 동서양 공히 시는 문학의 발원지였다. 그런데 요즈음 우리 시를 보면 유사 이래 가장 큰 위기 상황에 처해 있는 것 같다. 일단 우리가 시라고 읽고 있는 것은 운문이 아니라 산문이다. 그 산문도 너무 길어 시집의 서너 쪽을 넘기는 것이 즐비하다. 이렇게 수다와 능변의 시대에 역으로 시의 자리는 점점 좁혀져 가고 있다. 그런데 등단한 지 8년 만에 첫 시집을 준비하고 있는 최진화 시인의 시를 보니 일단 눈에 들어와서 좋다. 난해의 골짜기를 아무리 헤매도 눈에 들어오는 것, 손에 잡히는 것이 없는 시가 우후죽순 격으로 발행되고 있는 문예지를 통해 콸콸 쏟아져 나오는 이 시대에 시인은 자폐의 문을 열고 독자와 만나려고 한다.

나는 열어보고 싶다
손에 잡히는데 열리지 않는 이 문을

삐걱대고 흔들릴 때마다
너는 문에서 더욱 멀리 비켜나는구나
하루 종일 두드려도
침묵의 열쇠는 그물무늬비단뱀처럼 능글거린다
문 앞에 서 있는 나를 비웃듯
너는 원시림 속으로 깊숙이 달아나
검은 뼈로 만든 피리만 똬리 틀고 있다
—「자폐自閉의 문」 부분

시인이라는 존재는 이 세상과 함축적인 언어를 통해 소통하려는 별종이다. 시인이 되었기에 자폐의 문을 열고 세상 바깥으로 나가고 싶어하지만 반겨주는 사람도 없고 영

쉽지가 않다. '너'가 누구인지는 시에 나타나 있지 않은데, 아마도 타자나 독자가 아닐까. 세상은 닫힌 문처럼 매몰차지만 최진화 시인은 2005년부터 시를 씀으로써 "먼 세상 끝에서부터/ 우리의 문을 열어젖힐/ 거대한 북소리 들릴 것 같다"고 했다. 또한 "무엇인가 바뀌고, 뒤집어지는 소리가/ 세상을 흔들며/ 우리의 문을 부수고 걸어 들어올 것 같다"고도 했다. 시인은 이제 이 세상과 한 판 싸움을, 때로는 유쾌한 언어의 놀이판을 벌이려는 것이다. 제1부의 시 중에는 시인의 직업이 초등학교 교사여서 그런지 아이들이 많이 나온다.

혼자 놀기에 익숙한 아이들
쥐 한 마리 잡아 살포시 검지로 누른다

눈알이 붉게 반짝이는 이 쥐는
큰물이 둑을 부수고 들판을 덮어버리 듯
세상을 엄청난 속도로 질주하기 시작한다
술래잡기, 땅따먹기, 고무줄놀이, 친구와의 주먹다짐은
나무도 뿌리째 뽑힌 큰물에 수장된다
—「아이들은 옆으로 자란다」 부분

아닌게아니라 요즈음 아이들은 “혼자 놀기에 익숙한 아이들”이다. 동네 놀이터에서도 골목길에서도 아이들을 볼 수가 없다. 예전에는 술래잡기, 땅따먹기, 고무줄놀이를 했었고 친구와 간혹 주먹다짐도 했었지만 지금은 그 시간에 학원에 가 있거나 컴퓨터 앞에 앉아 있다. 아이들의 키는 위로 자랄지 모르지만 마음은 옆으로 자란다. 특히 컴퓨터 게임이 아이를 그르치는 경우가 많다. 마우스를 잡고 잔혹한 폭력의 세계에 탐닉한다.

> 쥐들이 데려간 세상에서
> 총을 쏘고, 칼을 휘두르고, 폭탄을 던지며,
> 누군가 흘리는 피를 무심히 바라본다
> 쓰러지는, 신음하는, 죽어가는 것들이 둥둥 떠다니고
> 쥐는 가려운 앞니로 세상 밖의 세상을 갉아댄다
> 반짝이던 눈알은 점점 붉게 물들고
> 몸은 허연 기름띠가 무지개를 그린다
>
> 오늘 아침도
> 밤새 싸우고 일어난 살찐 회색 쥐들이
> 줄지어 학교를 가긴 간다
> —「아이들은 옆으로 자란다」 부분

지금 이 땅의 아이들(청소년을 포함) 가운데 게임 중독 증세를 보이는 아이들의 수는 수만 명에 달한다. 지하철을 타보면 어른들도 스마트폰으로 게임을 하고 있다. 최 시인은 교육 현장에 있으므로 게임의 심각성을 다른 사람보다 더 잘 알 것이다. 시인은 아이들의 "반짝이는 눈알은 점점 붉게 물들고/ 몸은 허연 기름띠가 무지개를 그린다"고 상징적으로 표현했지만 아이들 중에는 배움의 길에서 일찌감치 빗겨나 치료를 받아야 할 지경에까지 이르는 경우가 비일비재하다. 운동은 조금도 하지 않고 밤새 마우스를 만지며 폭력 게임에 열중한 아이들을 "밤새 싸우고 일어난 살찐 회색 쥐들"이라고 풍자했다. 줄지어 학교를 가긴 가지만 머릿속에 학업에 대한 열망이 깃들어 있을 턱이 없다. 교육 현장에 있다 보니 "질긴 그물에 걸려 울고 있"는 아이들도 보게 된다. 아이들에게 필요한 것은 어찌 보면 자연과의 만남, 친구와의 놀이, 자유로운 사고인데 우리 어른은 아주 어릴 때부터 공부, 공부만 강요하고 있는 것이 아닌지. 누워서 자라는 나무에 대한 시도 있다.

나는 매일 아침
누워서 자라는 나무에게 간다
땅을 단단히 움켜쥔 뿌리가

굴형에 뒹군 가지가
거친 숨을 토해내는 그 나무에게 간다

어린 나무의 등이 메트리스를 뜯어내려고
굽은 손이 숟가락을 쥐려고
움직이지 않는 다리가 반복되는 욕망으로
몸부림 칠 때
나는 묵묵히 달력 속 숫자들을 밟으며
상처난 시간들을 지워간다
—「타전」 부분

어린 나무가 몹시 아프다. 어린 나무를 이 땅의 한 어린이로 보고 싶다. 아이는 괴로워하고, 화자는 "묵묵히 달력 속 숫자들을 밟으며/ 상처난 시간들을 지워간다". 의사 타전의 시간이 지난 뒤, 이윽고 소통의 시간이 온다. 그 과정이 결코 쉽지 않았음을 제3연이 말해준다. 누워서 자라는 아이는 삐뚤어진 아이일까, 신체장애가 있는 아이일까. 아무튼 위로와 이해와 인내의 오랜 시간이 경과하자 나무가 변한다.

막혔던 물관이 다시 숨을 쉬고

살갗은 수밀도처럼 달콤한 즙을 흘린다
달려드는 회오리바람을 사열한 나무는
곧 일어서서 걸어 나갈 듯 뿌리부터 왁자하다

누워서 자라는 나무는
온몸으로
살아있는 오늘을 세상으로 보낸다
—「타전」 부분

해설자는 이 시에서 여성성의 개가凱歌를 십분 느낀다. 자기희생에 바탕을 둔 모성은 누워서 자라는 나무에게 새 생명을 불어넣는 기적을 연출한다. 교육자의 보람도 함께 느낀다. 마음이 많이 삐뚤어진 아이일지라도 사랑으로 대하면 결국 반성하고 감화를 받는다는 것을 이 시는 은유적으로 말해주고 있다. '최진화 시인'이면서 '최진화 선생님'이고 또한 어머니이고 아내이기에 아래와 같은 시를 쓰기도 했을 것이다.

너희들이 나를 클릭할 때마다
나는 쌀 씻던 손을 멈추고
부엌 바닥에 어미닭처럼 웅크리고 앉아

시를 일어본다
긴 장마에 개울물 불 듯
마늘 냄새 밴 손금 사이로
시가 흘러간다

낯선 세상과 만난 날은
낡은 스피커처럼 그르렁거리며
붉은 강물 속으로 뛰어드는
미운 오리새끼들
—「시를 일어본다」 부분

이 시를 보니 최진화 시인이 집에서 자식들과, 또 교실에서 아이들과 어떻게 소통하고 있는지 알 것 같다. 쌀이 아닌 시를 일어 밥을 하니 아이들은 "몇 날은 거뜬히 버티게 해줄/ 처방전이 들어간 밥"을 먹을 수 있다. 꾸지람 대신 시를 주니까 오히려 아이들이 힘을 내는 것이다. "오늘 밤 별들이 숨을 멎거든/ 엄마의 새 폴더를 클릭해 보거라/ 바람이 씨방 잃은 암꽃을 사랑한/ 삼백예순두 번째 이야기가 열릴 것"이라고 하니 시는 가르침이 될 수도 있고 깨달음을 줄 수도 있다는 뜻일 것이다.

5층 건물에서 내려다보니 등나무가 눈에 들어온다. 등나무 지붕에 얹힌 "거북이 등짝 같은 축구공 하나"와 "빈 방으로 돌아가지 못한 운동화 한 짝"은 어찌 보면 지금 이 시대 아이들의 초상인지도 모르겠다. 시인은 "이별도 먹으며 커야 하는 아이들이/ 질긴 그물에 걸려 울고 있다"고 했다. 아이들은 "이 질긴 그물, 저인망"을 뚫고 자유로운 세계로 가지 못하고, 그것을 지켜보아야 하는 교사 최진화는 안타깝기 짝이 없다. 교육이 자유로운 사고, 자유로운 의사 발표, 자신의 소질 개발에 도움을 주어야 하는데 많은 경우, 획일화와 규격화로 내모는 것이다.

네모난 창문 안
네모난 칠판 앞에서
네모난 선생이
네모난 책상을 껴안은 아이들에게
네모를 잘 만드는 미래를 가르친다
—「토스터기가 기다린다」 부분

토스터기는 시간만 되면, 즉 토스터가 적당히 구워지면 바깥으로 찰칵 소리를 내며 내보낸다. 우리네 교육계 현실도 사람을 네모로 급하게 만들어 내보내는 일에 급급해 온 것이 아닐까. 최 시인은 이 점을 심각하게 걱정하고 있다. 사람은 각자 개성대로 세모, 둥근 모양, 반달꼴, 마름모꼴도 될 수 있지만 학교에서는 네모만을 강요하고 있는 것이 아닌가, 하고 시인 교사 최진화는 반성을 해보고 있다. 우리 교육은 지나치게 경쟁체제이고 입시위주라 방과 후 예능교육과 체육교육을 등한히 해왔는데 작년부터 조금씩 개선되고는 있지만 아직 "타고난 저마다의 소질을 개발"하는 데는 이르지 못하고 있다. 이런 경우도 있다.

오늘도 민이의 자리에는 가방만 앉아 있어요
엄마와 떨어지는 것이 무서워 울면서 집으로 돌아갔지요
다시는 만날 수 없을 것 같아
물거품처럼 사라질 것 같아
엄마의 치마꼬리만 붙잡고 또 가버렸어요
얼룩진 불안으로 가득 찬 하루가 시작되네요
—「푸른 사과의 시절」 부분

민이란 아이는 엄마와 떨어지는 것이 무서워, 즉 학교생활에 적응을 못해 집으로 가버린다. 그런데 시인도 어린 시절, 즉 푸른 사과의 시절을 회상하면 수많은 사람들 틈에서 어머니의 손을 놓쳐버린 기억이 선명히 떠오르나 보다. 성장한다는 것은 "눈보라 속에서 붉은 노을을 삼키며/ 잘라진 시간을 이겨내는 방법을 배워가는" 것이다. 그런데 요즈음 아이들은 너무들 유약하여 이런 시련을 이겨내지 못하는 경우가 많다. 강하게 키우지 못하면 아이는 나중에 이 사회에 적응을 못하게 된다.

생명을 가진 모든 것들에 대한 애착과 연민도 이 시집의 주요한 주제이다. 자라나는 싹이 짓밟히면 안 된다는 것이 최 시인의 기본적인 생각이다. 누군가 내게 도움을 청한다면 나는 그를 위해 최선을 다해야 한다. 시인은 실제로 어머니이면서 교사이다. 생명을 낳아서 기르고 수많은 생명을 가르쳐 왔기에 이런 시를 쓸 수 있는 것이려니.

들이치는 해풍에 살아남으려
낮은 포복으로 모래땅을 기던 밤마다
조금만 더 가까이 오라고
떠지지 않는 눈썹만 파르르 떨었다
오랫동안 섬과 섬을 돌아
상처 난 발을 절룩이며 왔을 때는
한쪽 마음을 도려내어 그늘을 내주었다
그늘 안에서도 당신은 앉지 못하고
자꾸 쓰러지는 햇빛 속으로 뛰쳐나갔다

내 몸에서 꽃이 피기를 기다렸다

당신에게 꽃잎이라도 덮어주고 싶었다

—「갯메꽃」 부분

이 시에서 '당신'이 누구를 지칭한 것인지 분명치 않지만 분명한 것은 화자의 희생정신이다. 불가에서는 타인을 위한 행위를 보시라고 했고 기독교에서는 헌신과 사랑이라고 했다. 그 행위의 근저에는 생명을 가진 것들에 대한 측은지심과 동정심이 자리잡고 있는데 특히 자식을 낳아서 길러본 사람은 그렇지 않은 사람보다 월등 이 마음이 강하다. 드니 빌뇌르 감독의 영화 「그을린 사랑」의 감상평 형식으로 쓴 시도 어머니의 사랑, 즉 모성애를 강조하기 위해 쓴 것이다. 레바논 내전의 와중에서 아이를 잃은 어머니는 훗날 자기 자식한테 강간당하는 끔찍한 일을 겪는다. 그 행위의 결과 태어난 쌍둥이가 아버지이면서 동시에 형(오빠)인 인물을 찾아가게 하는 어머니의 유서가 이 영화의 모티브이다. 자기에게 끔찍한 고통을 준 아들을 어머니이기에 용서할 수밖에 없는 이 기막힌 아이러니! 시인은 그녀의 세 자식에 대한 사랑을 "구원받아야 할 위대한 사랑"이라고 했다. 시인 자신 어머니이기에 이런 이해가 가능했던 것이리라.

아버지를 찾지 못하거든
하늘을 등지고 묻어라

한 여인의 위대한 사랑은 구원받아야 했다
타락한 신들의 잔혹함은 묻어 버려야 했다

나의 오빠이며, 너의 형이며, 우리의 아버지
한 남자가 동굴 속 어둠처럼 무릎을 꿇는다
—「그을린 사랑」 부분

지구상의 모든 전쟁 가운데 여성이 모의하고 실행한 것은 없었다고 한다. 이집트의 클레오파트라도 시바의 여왕도 자신이 직접 전쟁 모의를 하지는 않았다. 자식을 낳아서 키운 어머니로서 자식을 전장에 내보낼 수는 없는 것이다. 전장에서는 사내들의 목숨이 추풍낙엽이 되는 까닭에. 전사자의 어머니가 겪을 마음의 고통을 너무나 잘 알기 때문에 어머니는 전쟁에 찬성할 수 없다.

시인은 박애주의자다. 목숨을 갖고 있는 모든 생명체가 끝내는 죽어갈 것이기에 모성을 지닌 어머니로서 불쌍하게 생각된다. 그래서 프랑스가 핵실험을 한 폴리네시아에 있는 무르로아 섬은 핵실험 이후 "잿더미 속에서 썩은 링도넛처럼 떠오른 환초/ 죽은 물고기들이 악취를 풍기며 몰려든"다. "도마뱀의 얼룩을 등에 진/ 사람들"(「스크래치」)이 지금도 어디에선가 아파하면서 살아가고 있다. 이런 식의 문명비판도 실은 시인의 박애주의의 소산이다. 어느 날 일식집에 가서는 "펄떡이는 심장 주저앉히지도 못한 채" "비린 도마 위에 낭자하"(「한 접시가 되기 오 분 전」)게 피를 뿌리며 죽어간 생선에 대해서도 안타까운 마음에 사로잡힌다. 박스를 팔아 살아가는 할머니가 "잃었던 자식을 보듬듯 박스를 주워/ 굵게 성근 이마에 주름처럼 탑을 쌓는"(「박스 할매」) 모습도 연민이 가득한 눈길로 살펴본다. 이 세상 모든 생명체에게는 어머니가 있는 법인데 '박스 할매'는 어머니 노릇을 할 수 없다. 가난한 할머니가 자식을 잃고서 혼자서 노동을 하며 살아가니 그 얼마나 불쌍한 것인가. 시인이 혀를 차는 소리가 들리는 듯하다. 여든 노인이 환갑이 된 딸자식에게 미역국을 끓여주는 광경은 가슴을 뭉클하게 한다.

> 팔십 평생 산후풍 앓이
> 삼복에도 바람 든 무처럼 뼈가 서걱거렸다는 그 할매

이순의 딸년 생일 미역국 앞에서
—네가 젖배 곯아 이리 평생 고생한다

합죽한 검은 입으로
그 겨울을 또 삼킨다
—「생일」 부분

어머니의 사랑이란 이런 것이다. 객관적으로 보기에는 자신이 딱한 처지임에도 자식이 불쌍해서 돌보고 싶은 마음, 아무 보상 없이 그저 주고 싶은 마음. 이 어두운 시대를 밝힐 수 있는 등불과도 같은 것이 모성애가 아니랴. 지금 이 땅의 각급 학교에서는 왕따니 학교폭력이니 하는 것이 여간 심각하지 않다. 교사들이 어머니의 마음으로 아이들을 지도하면 지금과 같이 많은 자살자 학생이 나오지는 않을 것이다. 이 무섭고 혼탁한 세상에서 우리가 가장 소중하게 생각해야 할 것은 모성애이고 또한 가족애일 것이다. 바로 그것을 시인은 말해주고 있다.

이 시대 가장의 이야기도 나온다. 「초승달에 걸린 수레」는 뜻을 못 펴고 돌아가신 어느 가장에 대한 이야기인 듯하다. 러시아 문학에 심취한 그분이 부재하게 되었을 때 많은 러시아 작가들의 작품을 수레로 옮겨야 했던 날의 기억이 아련한 슬픔을 들추어낸다. “우리 엄마 이사 오는 날”에 따라온 물목이 있는데 “38년 된 미제 축음기”, “외할매가 시집 올 때 주셨다는 일제 유리그릇”, “아버지와 함께 들었다는 문주란 레코드” 같은 것들이다. 제목이 ‘마지막 이사’여서 그런지 “어무이 이제 다 놓고 몸만 갖고 가입시더”란 결구가 깊은 울림을 전해준다.

> 바람이 거칠어지고 풀들이 소리쳐요
> 떠나지 못하는 새는 젖은 날개를 파닥입니다
>
> 기다린다는 것은
> 찢겨진 시간을 기워 가는 일
>
> 바늘이 지나간 자리마다 한 땀 한 땀
> 붉은 울음소리 맺혀 있네요
>
> —「울새」 부분

시각적 이미지와 청각적 이미지가 어울려 공감각을 멋지게 연출하고 있다. “한 땀 한 땀/ 붉은 울음소리”는 한 편 한 편 시이기도 할 것이다. 생명체란 모두 유한자여서 때가 되면 다 이승을 떠나야 한다. 생명체의 유한함을 잘 알기에 시인은 오늘도 시를 쓰고 있는 것인지도 모르겠다. 울새가 울음 울 듯 시인은 앞으로도 죽어가는 모든 것들에 대한 연민의 정으로 시를 쓸 거라고 믿는다. 등단 8년 만에 묶는 이 시집의 의의는 한마디로 말해 생명을 가진 모든 것들에게는 어머니가 있다는 것이다. 거룩한 모성이 결국 이 세상을 구원할 것이다.

최진화

최진화 시인은 경기도 동두천에서 태어나 서울교육대학교를 졸업했다. 2005년『문학나무』신인상으로 등단했으며 2008년부터 2012년까지『미네르바』편집위원 및 편집부장으로 활동했다.『푸른 사과의 시절』은 최진화 시인의 첫 번째 시집이며, 이 시집은 '여성성의 개가'라고 할 수 있다. 엄마와의 이별불안 때문에 학교생활에 적응하지 못하는 아이들, 옆으로 옆으로만 자라며 게임의 폭력성에 중독되어가는 아이들, 자폐의 늪에서 헤어 나오지 못하고 있는 아이들을 다 품어 안으며, 그 아이들에게 새로운 삶의 희망을 불어넣고 있는 시들이 바로 그것을 증명해준다. 요컨대, 바로 이 지점에서 쌀이 아닌 시를 일어 시의 밥을 해주는 우리들의 어머니가 탄생하고 있는 것이다.

이메일주소 : jinwhaha@hanmail.net

최진화 시집

푸른 사과의 시절

발　　행 2013년 5월 10일
지 은 이 최진화
펴 낸 이 반송림
편집디자인 김지호
펴 낸 곳 도서출판 지혜
계간 시전문지 애지
기획위원 반경환 이형권 황정산
주　　소 300-812 대전광역시 동구 삼성1동 273-6
전　　화 042-625-1140
팩　　스 042-627-1140

전자우편 ejisarang@hanmail.net
애지카페 cafe.daum.net/ejiliterature

ISBN : 978-89-97386-52-9 03810
값 10,000원